Inhalt

Wer waren die alten Römer?	2
Das Leben der Reichen	4
Das Leben der Armen	6
Essen und Trinken	8
Freizeitvergnügen	10
Kleidung und Mode	12
Kunst und Architektur	14
Gesundheit und Heilkunst	16
Liebe und Ehe	18
Frauen und Kinder	20
Krieg und Waffen	22
Verbrechen und Strafen	24
Verkehr und Wissenschaft	26
Die Religion	28
Das Erbe der Antike	30
Schon gewusst ...?	32
Register	33

Todgeweiht

Das um 80 n. Chr. errichtete Kolosseum in Rom konnte 50 000 Zuschauer aufnehmen und war damit das größte Amphitheater, das je erbaut wurde. Es war eigens für die blutigen Kämpfe zwischen Gladiatoren gedacht und Sklaven und Gefangene wurden hier umgebracht, indem man sie mit Löwen, Elefanten, Tigern und anderen wilden Tieren zusammen in die Arena schickte.

John Guy

Die Römer

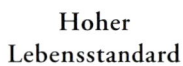

Wer waren die alten Römer?

Bevor Rom zu einem Weltreich wurde, machte es eine lange Entwicklung durch. Wichtige Anstöße dazu gab die ältere Zivilisation des antiken Griechenland. Rund um das Mittelmeer gab es nicht ein zentral regiertes Reich, sondern eine Vielzahl von unabhängigen Stadtstaaten: selbstständig regierte Gebiete, zu denen eine große Stadt, Dörfer und das umliegende Land gehörten. Der Überlieferung zufolge wurde Rom im Jahr 753 v. Chr. gegründet. Seine Bevölkerung setzte sich aus Etruskern, die einen großen Teil der italienischen Halbinsel beherrschten, und aus Latinern aus dem Süden zusammen. Etwa von 550 v. Chr. an wurde Rom von etruskischen Königen regiert; 509 v. Chr. vertrieben die Römer den König und erklärten ihre Stadt zur Republik.

Hoher Lebensstandard

Die Ausbreitung des Römischen Reiches brachte Roms Bewohnern großen Wohlstand. Die Hauptstadt wurde mit wertvollen Gütern und mit Sklaven versorgt, die alle niedrigen Arbeiten verrichten mussten. Der durchschnittliche Bürger hatte einen hohen Lebensstandard und eine kleine Minderheit war sehr reich.

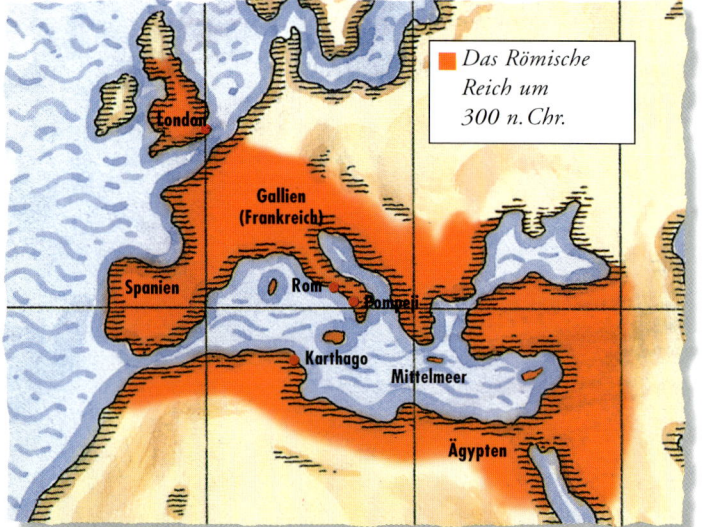

Das Römische Reich um 300 n. Chr.

London
Gallien (Frankreich)
Spanien
Rom
Pompeji
Karthago
Mittelmeer
Ägypten

Baukunst

Die Römer lernten viel von den griechischen Architekten, entwickelten jedoch ihren eigenen Stil. Sie vervollkommneten den Rundbogen und konnten deshalb beeindruckende, hohe Gebäude errichten, von denen noch viele erhalten geblieben sind. In den meisten römischen Städten gab es Amphitheater, in denen neben Theaterstücken und sportlichen Wettkämpfen auch blutige Kämpfe gezeigt wurden.

Roms Macht

Rom verdankte seine Größe der Kampfkraft seiner Streitkräfte. Die in Legionen zu je 5000 Mann unterteilte Armee wurde zentral kontrolliert; kein Reich hatte bisher sein Heer so umfassend organisiert. Die Soldaten waren sehr diszipliniert und gut bewaffnet; ihre Gegner traten meist in kleinen, ungeordneten Horden gegen sie an und die wenigsten konnten erfolgreich Widerstand leisten.

Romulus und Remus

Nach der Legende wurde Rom von den Zwillingen Romulus und Remus gegründet. Ihr Vater war der römische Kriegsgott Mars, ihre Mutter Rhea Silvia, Tochter von König Numitor von Alba Longa. Ein missgünstiger Onkel warf die Zwillinge in den Fluss Tiber, um sie zu ertränken. Doch sie wurden an Land gespült und von einer Wölfin gesäugt. Ein Schäfer fand sie und zog sie auf. Später konnten sie zu ihrem Großvater König Numitor zurückkehren. Bald nach ihrer Gründung Roms stritten sie darüber, wer die Stadt regieren sollte. Romulus tötete Remus 753 v. Chr., um König zu werden. Seine Familie stammte aus dem Latium, der Region rund um Rom.

Strenge Gesellschaftsordnung

In der römischen Gesellschaft war der Platz jedes Einzelnen genau bestimmt. Junge Männer erlernten einen Beruf oder gingen in die Armee; junge Frauen wurden angehalten, sich der Familie zu widmen. In wohlhabenden und politischen Kreisen wurde das Schreiben gefördert. Als die Sprache der Etrusker an Bedeutung verlor, wurde Latein zur Sprache Roms und so zu einer frühen Weltsprache.

Heim und Herd

In der Mitte einer typischen römischen Villa befand sich das Atrium; häufig war es ein nicht überdachter Innenhof, in dessen Mitte wiederum ein Brunnen oder ein Wasserbecken war. Zur Villa gehörte außerdem ein *lararium* (siehe rechts): ein Altar zu Ehren der Götter und Göttinnen des Hauses. Eine von ihnen war Vesta, die Göttin des Herdfeuers.

Schreibkundig

Kinder vornehmer Familien erlernten das Schreiben von Privatlehrern. Das Mädchen hier oben hält einen Griffel und eine Wachstafel in den Händen. Die Römer schrieben auch mit Vogelfedern und Rohrfedern auf Papyrus und Pergament (gegerbte Tierhaut).

Wohnkomfort

Reiche Familien besaßen meist ein Stadthaus und einen Landsitz. Möbel und Einrichtung waren von schlichter Eleganz. Die größeren Häuser hatten nur wenige Fenster, damit die Sonne die Innenräume nicht zu stark aufheizte, und verfügten über mindestens einen Innenhof mit Brunnen. In Wände und Böden waren kühle und häufig sehr kunstvoll gestaltete Marmor- oder Steinplatten und Mosaiken eingelassen (siehe links).

Ganz entspannt

Diese elegante Couch war für die Mittagsruhe gedacht. Bei Festmählern konnten auch zwei bis drei Gäste darauf Platz nehmen. Dann wurden mehrere dieser Möbel im Kreis um niedrige Tische aufgestellt, auf denen die Speisen standen.

Das Leben der Reichen

Viele Dinge, die wir heute mit den Römern in Verbindung bringen, wie etwa der üppige Lebensstil, waren in Wirklichkeit nur ein Vorrecht der Reichen. Die Gegenstände, die haltbar genug waren, um die Jahrhunderte zu überdauern, waren nicht unbedingt allen Schichten zugänglich und sagen damit kaum etwas über das Leben der Bevölkerungsmehrheit aus. Was wir hier auf diesen Seiten zeigen, stammt aus den Häusern der Wohlhabenden. Die Eleganz und auch die Qualität der Gegenstände veranschaulichen, wie hoch entwickelt die römische Zivilisation war. In manchen Bereichen wurde dieser Lebensstandard erst wieder im späten 19. Jh. erreicht. Die großen römischen Villen waren mit Leitungswasser ausgestattet und viele von ihnen besaßen ein *hypocaustum:* eine Fußbodenheizung.

Stabile Gesellschaft

Zumindest eine Zeit lang brachte das Römische Reich Mittel- und Südeuropa Stabilität und Frieden (die so genannte »Pax Romana«, der römische Frieden) und einen gewissen Wohlstand für die herrschenden Schichten. Die römischen Münzen waren die im Reich verbreitetste Währung und erleichterten den Handel zwischen den Teilreichen.

Das Forum

Der zentrale Platz in einer römischen Stadt wurde Forum genannt, abgeleitet von dem lateinischen Wort *foris*, das »draußen« bedeutet. Anfangs war es einfach nur der Marktplatz, später wurden die Foren zu wichtigen Handelszentren, wo die Reichen ihren Geschäften nachgingen.

Soziale Schichten

Die Römer waren eine Gesellschaft von Sklavenhaltern. Die Sklaven wurden aus den besiegten Regionen verschleppt und mussten untergeordnete Arbeiten erledigen. Die Gesellschaft war gegliedert in römische Bürger, Freigelassene (die weniger Rechte besaßen) und rechtlose Sklaven.

Das Leben der Armen

Die römische Welt war voller Widersprüche. Die Kultur war hoch entwickelt und einige Familien waren unglaublich reich. Das Leben der meisten Menschen jedoch war bedrückend hart. Das Römische Reich wurde von seiner Bevölkerung durch Steuern finanziert, und es wurde mit der Zeit immer teurer, das Imperium zu erhalten. Deshalb war die Steuerlast sehr hoch. Die Armen ärgerten sich über die Reichen, die ein angenehmes Leben führten und ihren Luxus gerne zur Schau stellten. Wer sich das nicht leisten konnte, wohnte, zumindest in der Stadt, in engen, dunklen Mietshäusern *(insulae)* ohne Komfort. Für die Armen gab es kein soziales Netz; sie mussten selbst sehen, wie sie zurechtkamen. Junge Männer konnten Soldaten oder Priester werden und so der Armut entkommen. Die einzige Möglichkeit für junge Mädchen, sich zu verbessern, war ein reicher Ehemann.

Nur das Nötigste
Für die Armen gab es kaum Komfort. Sie lebten in elenden Behausungen ohne fließendes Wasser oder Toiletten. Das Eintrittsgeld für die Badeanstalten konnten sie sich nur selten leisten. Stadtbewohner mussten öffentliche Toiletten benutzen. Wenigstens war das Wasser der öffentlichen Brunnen sauber und umsonst zu haben. Zur Beleuchtung dienten Tonpfännchen (siehe oben), in denen Olivenöl verbrannt wurde.

Leben in der Stadt

In den Städten lebten die Armen in überfüllten Mietshäusern. Im Erdgeschoss waren Geschäfte und Werkstätten untergebracht, darüber kamen mehrere Stockwerke mit Wohnungen. Die Städter konnten nur selten ihre Nahrung selbst erzeugen und kauften sie deshalb auf den Märkten, auf denen die Bauern ihren Überschuss feilboten. In der Stadt verdienten die Menschen ihren Lebensunterhalt durch Handel, Handwerk, Dienstleistungen oder durch Arbeit in der römischen Verwaltung. Das Foto links zeigt die Überreste einer Straße im Zentrum von Pompeji.

Leben auf dem Land

Auf dem Land waren die meisten Menschen arm und erwirtschafteten auf kleinen Höfen, was sie zum Leben brauchten. Sie hielten Kühe, deren Milch getrunken oder zu Käse verarbeitet wurde, und Geflügel vor allem wegen der Eier. Fleisch wurde nur selten gegessen. Alle Familienmitglieder arbeiteten mit, auch die Kinder. Die Männer versorgten die Tiere und erledigten die schweren Arbeiten wie das Pflügen. Die Frauen kümmerten sich um die Nutzpflanzen, besorgten den Haushalt und stellten die Kleidung selbst her.

Landwirtschaft

Nach heutigen Maßstäben waren die landwirtschaftlichen Methoden der Römer ziemlich primitiv. Zu ihrer Zeit aber waren sie auf dem neuesten Stand. Sie erfanden einen neuartigen Pflug, dessen Schar nicht mehr aus Knochen oder Holz, sondern aus Metall bestand. Damit konnten sie tiefere Furchen ziehen, was in heißen Ländern mit mageren Böden von Vorteil ist. Die Bauern hielten auch Bienen und verkauften den begehrten Honig; Zucker war noch unbekannt.

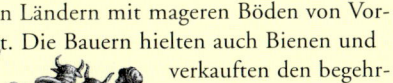

Familienleben

Ob reich oder arm: Allen Römern war die Familie sehr wichtig. Es gab keine Altersversorgung; deshalb musste sich die Familie um ihre älteren Mitglieder kümmern. Die meisten Leute arbeiteten, bis sie dazu zu schwach wurden oder bis sie starben.

Essen und Trinken

Alle zeitgenössischen Berichte stimmen darin überein, dass die Römer aller Schichten gut aßen und tranken. Die wichtigsten Produkte der Landwirtschaft waren Gerste und Weizen und die Früchte von Rebstöcken, Feigen- und Olivenbäumen. Die Küche war vermutlich schon damals so ähnlich wie im heutigen Mittelmeerraum und es gab reichlich Obst und Gemüse sowie Fisch und Geflügel. Rindfleisch, Lamm und Wild wurden nur selten verzehrt. Häufig wurden Salate zum Essen gereicht oder zur Dekoration verwendet, denn das Aussehen des Tellers war ebenso wichtig wie sein Inhalt. Arme Römer konnten sich besser ernähren als ihre Zeitgenossen in anderen Regionen. Sie lebten vorwiegend von Brot und Gemüse und nahmen ihre Hauptmahlzeit abends nach der Arbeit ein. Die Reichen gaben häufig Gastmähler, die am Nachmittag begannen und mehrere Stunden dauerten. Die Töpfe und Küchengeräte wohlhabender Familien waren aus Bronze, die der einfachen Leute aus Ton. Gegessen wurde mit dem Messer und den Fingern, die man zwischendurch in Fingerschalen waschen konnte.

Das gewisse Etwas

Römische Hausfrauen kannten die Eigenschaften vieler Kräuter, mit denen auch heute noch gewürzt wird: Petersilie, Thymian, Fenchel, Rosmarin, Salbei und Minze. Im warmen Klima verdarb Fleisch schnell; um den ranzigen Geschmack zu überdecken, wurde es mit Gewürzen zubereitet, die aus dem Osten eingeführt wurden.

Trinkgefäße

Um Wein zu trinken oder zu servieren, verwendete man unterschiedlich geformte Gefäße aus Ton, Bronze, Glas oder sogar aus Silber.

Getränke

Römer aller Schichten tranken täglich Wein – je nach Einkommen von besserer oder schlechterer Qualität. Trotz der Wasserleitungen verursachte verunreinigtes Wasser immer wieder Epidemien, wie z. B. Cholera. Deshalb war Alkohol tatsächlich gesünder. Außer Glühwein waren keine warmen Getränke üblich. Damit der Wein nicht betrunken machte, mischte man ihn mit Wasser. Es galt als ungehörig, ihn pur zu trinken.

Oliven

Auch damals schon waren Oliven ein wichtiges, vielseitig nutzbares landwirtschaftliches Produkt. Sie wurden entweder eingelegt und als Vorspeise gegessen oder sie kamen in eine Ölpresse, die ähnlich wie eine Traubenpresse funktioniert. Das Öl war nahrhaft und bekömmlich, wurde aber nicht nur zum Kochen, Braten und für Salatsoßen verwendet, sondern auch als Lampenöl, als Hautpflegemittel und um die Toten zu salben.

Getränkeausschank

79 n. Chr. kamen beim Ausbruch des Vesuvs viele Bewohner von Pompeji ums Leben. Die Vulkanasche konservierte ihre Häuser und Habseligkeiten. Das Foto zeigt eine typische Theke für den Getränkeausschank, eine Art antike Bar. In den Vertiefungen der Theke befanden sich die Getränke.

Wein

Bacchus ist der römische Gott des Weines. Die Weingärten lagen vor den Städten und reiche Leute besaßen ihre eigenen Weinstöcke. Es gab vier verschiedene Weinsorten: schwarzen, blutroten, gelben und weißen Wein; jeweils als süßen und als trockenen Wein. Häufig wurde er mit Kräutern oder Honig vermischt, besonders, wenn der Wein schon alt und sehr herb war. Aus sauren Trauben wurde ein milder Essig gewonnen, den man für Salate, Soßen und Marinaden verwendete.

Theater

Die Römer gingen liebend gerne ins Theater. Da in den Amphitheatern unter freiem Himmel gespielt wurde, fanden die Aufführungen meist tagsüber statt. Alle Darsteller, auch die weiblicher Figuren, waren Männer und Knaben und trugen stets Masken.

Blutiger Sport

Die Zirkusspiele wurden vom Kaiser oder von Politikern organisiert, die sich beim Volk beliebt machen wollten. Die Vorstellungen dauerten den ganzen Tag. Zuerst ließ man wilde Tiere, etwa Löwen und Tiger, in die Arena, damit sie sich gegenseitig töteten. Bei der Eröffnung des Kolosseums starben an einem einzigen Tag 5000 Tiere. Danach trieb man Sklaven oder Christen zu den Raubtieren. Verurteilte Verbrecher mussten gegeneinander kämpfen, bis der Sieger den Unterlegenen tötete.

Wagenrennen

In den größeren Städten gab es oft Stadien (ovale Arenen), in denen Wagenrennen stattfanden. Kleine zweirädrige Wagen mit zwei bis vier Pferden rasten im Galopp die Bahn entlang. Das Publikum schloss auf den Ausgang der Rennen Wetten ab und die Spannung war groß. Unfälle, oft mit Todesfolge, waren sehr häufig.

Das Kolosseum

Das Kolosseum in Rom, das größte Amphitheater aller Zeiten, war vermutlich nicht für Schauspiele, sondern für Sport und Hinrichtungen gedacht. Dieses Bauwerk wurde frei stehend errichtet, während die meisten anderen Amphitheater in eine Senke hinein gebaut wurden. 50 000 Zuschauer fanden in ihm Platz. Der Boden konnte für künstliche Seeschlachten mit Wasser gefüllt werden.

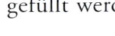

Freizeitvergnügen

Auch die einfachen Leute, die ihre Zeit größtenteils damit verbrachten, ihren Lebensunterhalt zu verdienen, besuchten regelmäßig Theateraufführungen und Sportveranstaltungen. Die Römer verehrten eine beträchtliche Anzahl von Göttern und begingen viele Feiertage zu ihren Ehren; an diesen Tagen fanden häufig auch Musik- und Tanzfeste statt. Wohlhabende Römer mischten sich bei diesen Gelegenheiten nicht gerne unter die Menge, sondern engagierten lieber Musiker, die bei ihren privaten Gastmählern aufspielten. Die reichen Leute verbrachten auch viel Zeit in den Bädern, wo sie Wasser- und Dampfbäder genossen und sich mit ihren Freunden trafen.

Musikgenuss

Nur in den unteren Schichten wurde getanzt, aber Musik begleitete die meisten religiösen Feierlichkeiten und die Sportveranstaltungen. Die Instrumente waren vielfältig: außer Flöten und Leiern gab es auch noch Trompeten, Tuben, Pauken, Becken und sogar Wasserorgeln. Das Bild oben zeigt Apollo, den römischen Gott des Lichts, der Poesie und der Musik, beim Leierspiel.

Gladiatoren

Am aufregendsten fanden die Römer die Kämpfe der Gladiatoren. Diese waren meist Verbrecher oder Sklaven, die für die Kämpfe in besonderen Schulen ausgebildet wurden. Gelegentlich wurden auch Frauen für Gladiatorenkämpfe trainiert.

Kleidung und Mode

Das Römische Reich bestand 700 Jahre lang. In dieser Zeit veränderte sich die Mode natürlich sehr, wenn auch wesentlich langsamer als heute. Die Kleidung von Kindern unterschied sich nur durch Details von der der Erwachsenen, sodass Kinder meist wie Miniaturausgaben ihrer Eltern aussahen. Im heißen Sommer trug man leichte Stoffe; wer es sich leisten konnte, kaufte chinesische Seide und indische Baumwolle, die aus dem Osten eingeführt wurden. Im Winter hüllte man sich in weite Umhänge (*pallium* und *palla*) und Kapuzenponchos (*paenula*). Männer legten ebenso viel Wert auf ihr Aussehen wie Frauen. Beliebt waren helle Farben und Weiß. Purpurrot galt als königliche Farbe und Symbol der Macht und war das teuerste Färbemittel. Hohe Beamte trugen Togen mit einem Purpurstreifen, und nur der Kaiser durfte eine durchgehend rote Toga tragen.

Leicht beschuht

Männer und Frauen trugen meist offene Sandalen. Es gab verschiedene Modelle, aber alle waren flach oder hatten nur sehr niedrige Absätze. Die Riemen waren aus Leder. Die Sohlen wurden aus Holz und mit Fußbett gefertigt oder aus dickem Leder hergestellt. Manchmal waren die Sohlen mit Nägeln beschlagen, damit sie länger hielten.

Spieglein, Spieglein ...

Da die Herstellung von Spiegelglas noch problematisch war, verwendeten die Römer Spiegel aus poliertem Metall, meist Silber oder Bronze. Wie der Spiegel hier rechts waren manche auf der Rückseite reich verziert.

Frisuren und Make-up

Die Römerinnen steckten sich ihr Haar gerne mit Kämmen auf. Es galt als elegant, eine möglichst helle Haut zu haben, was unter der sengenden Sonne nicht einfach war. Viele Frauen schützten ihr Gesicht im Freien so gut es ging vor den bräunenden Strahlen, andere puderten sich mit Kreidestaub.

Schmuck

Schmuck wurde von Frauen aller Schichten getragen. Wer es sich leisten konnte, trug Halsketten, Ohrringe und Armreifen aus Gold und Silber und mit Edelsteinen verziert. Bronze und bunte Glasperlen waren der billigere Ersatz – der antike Modeschmuck, sozusagen. Auch Männer trugen Ringe. Es gab viele verschiedene Parfums, die hauptsächlich aus Pflanzenextrakten hergestellt wurden.

Die Toga

Die Toga war die Nationaltracht der Römer. Nur die frei geborenen Bürger durften sie tragen und nur die Wohlhabenden konnten sie sich leisten. Sie wurde lediglich zu besonderen Anlässen angelegt, denn sie war schwer und unbequem. Das Alltagsgewand für beide Geschlechter war die Tunika. Hosen oder Beinlinge galten als unmännlich und unzivilisiert. Die Kleidung der einfacheren Leute war ähnlich geschnitten, aber aus billigeren Stoffen.

Modetrends

In den frühen Tagen Roms bevorzugten die Männer nach griechischer Mode langes Haar und lockige Bärte, gegen Ende der römischen Ära waren sie glatt rasiert und hatten Kurzhaarschnitte. Obwohl sich der Stil immer wieder veränderte, blieb der Grundschnitt der Kleidungsstücke unverändert. Männer wie Frauen trugen weite Gewänder. Auch die Unterwäsche war nie eng anliegend. Die Tuniken wurden in der Regel aus einem großen Stück Stoff geschnitten und an der Schulter mit einer Fibel (wie hier auf dem Foto) oder einer Schmucknadel zusammengehalten.

Wandmalereien

Die meisten römischen Gebäude, besonders die Villen der Reichen und das Innere von Tempeln, waren mit schönen Wandgemälden geschmückt, die meist Szenen aus den Göttersagen illustrierten. Sie wurden in der Regel direkt auf den Verputz gemalt, weshalb nur wenige erhalten geblieben sind. Ihre Lebendigkeit und ihr Realismus beeindrucken auch heute noch.

Kunst und Architektur

Die Römer kopierten zunächst den griechischen Architekturstil und entwickelten ihn dann weiter. Sie verwendeten Bögen häufiger als die Griechen und vervollkommneten den Rundbogen. Außerdem beherrschten sie die Kunst, Gewölbe und Kuppeln zu bauen. Dadurch konnten sie höhere und weitläufigere Gebäude errichten, als es früher möglich gewesen war. Sie mischten in ihren Mörtel mehrere Minerale, darunter ein vulkanischer Tuff, auch Puzzolan genannt. Dadurch wurde er sehr fest und stärker als die Baustoffe, die er verband. Die Mauern bestanden aus zwei Außenwänden, die innen mit Bruchsteinen aufgefüllt wurden. Die Römer dekorierten die Innenräume mit poliertem Marmor, kunstvollen Mosaiken und Wandmalereien. Fester Bestandteil der Architektur waren Reliefs, deren Ornamente die Gebäude schmückten und deren Bilder von sagenhaften und tatsächlichen Begebenheiten berichteten.

Luftige Höhen

Die Römer konnten sehr hohe Gebäude errichten, weil sie in die Wände mehrere Reihen von Bögen einfügten (siehe die Abbildung des Aquädukts auf Seite 17). Die Entwicklung des Rundbogens und der Kuppel erlaubte ihnen, die Gebäude mit Dächern aus Stein zu decken.

Mosaiken

Mosaiken auf Fußböden und Wänden waren ein beliebter Raumschmuck. Sie bestehen aus bemalten und glasierten Steinchen, die in noch feuchtem Gips zu Mustern und Figuren gelegt werden. Weil sie nicht nur schön, sondern auch strapazierfähig sind, haben viele bis auf den heutigen Tag überdauert. Die Mosaikleger kamen mit Musterbüchern zu den Bauherren, die sich die Motive aussuchten.

Festungsanlagen

Die Römer bauten an den Grenzen ihres Imperiums für ihre Legionen gewaltige Befestigungsanlagen in Form von Maueranlagen oder von Festungen. In Britannien schützte Kaiser Hadrian die nördlichste Kolonie vor Angriffen der Schotten, indem er von Osten nach Westen quer durch das Land einen Wall errichten ließ, der 120 km lang, 4,6 m hoch und 3 m stark war. Ein Großteil davon ist noch erhalten.

Handwerkszeug

Diese Werkzeuge eines römischen Steinmetzen ähneln denen, die heute noch in Gebrauch sind. Links ein Winkelmaß aus Bronze, mit dem man Winkel von 45 und 90 Grad abmessen kann. Der Stechzirkel (rechts) diente dazu, maßstabgetreue Bauzeichnungen direkt auf den Stein zu übertragen.

Ephesus

Die römischen Ruinen in Ephesus in der westlichen Türkei gehören zu den eindrucksvollsten, die uns erhalten geblieben sind. Obwohl die Römer die elegante Linienführung der griechischen Architekten bewunderten, ersetzten sie im Laufe ihrer Eroberungen häufig – wie hier in Ephesus – griechische Gebäude durch eigene Bauwerke. Unser Foto zeigt die Bibliothek des Celsius.

Gesundheit und Heilkunst

Obwohl die Römer wussten, dass Körperpflege, sauberes Wasser und Kanalisation zur Verhütung von Krankheiten beitrugen, waren ihre medizinischen Kenntnisse nicht sehr umfangreich. Sie waren abergläubisch und hielten Krankheiten für eine Strafe der Götter. Deshalb versuchten viele, Heilung zu erreichen, indem sie heilkräftige Schreine aufsuchten oder Talismane bei sich trugen. Die meisten ihrer Ärzte waren Griechen, die hauptsächlich mit Kräutern behandelten und damit in leichteren Fällen auch gute Erfolge erzielten. Schwere Krankheiten konnten nicht geheilt werden. Die Chirurgie war sehr primitiv und wurde ohne Betäubungsmittel ausgeführt. Die Versorgung von Wunden und Amputationen waren die am häufigsten ausgeführten Operationen. Die Legionen hatten eigene Ärzte, die sie auf den Feldzügen begleiteten, um die Verletzten zu versorgen. Von diesen starben jedoch viele trotz oder wegen der Behandlung an Infektionen oder Wundbrand.

Römische Bäder

Die von den Römern entwickelte Wasserversorgung war gut durchdacht und wurde erst im 19. Jh. weiterentwickelt. Die meisten Städte hatten öffentliche Brunnen, Badehäuser und Toiletten. Die Römer kannten die Heilwirkung von heißen und kalten Tauchbädern, die zur Entgiftung und zur Stärkung der Abwehrkräfte beitragen. Das Foto oben zeigt das römische Bad in Bath (England).

Heilende Hände

Dieser Ausschnitt eines Wandgemäldes zeigt Äneas, einen Sagenhelden. Ein Wundarzt entfernt gerade eine Pfeilspitze aus seinem Bein. Keim tötende Kräuterumschläge, z. B. aus Thymian, kamen auf die Wunde. Trotzdem entzündeten diese sich häufig oder wurden brandig. So konnten auch kleinere Verletzungen zu Amputationen oder sogar zum Tode führen.

Eingriffe in den Körper

Diese chirurgischen Instrumente wurden während der gesamten römischen Ära benutzt. Sie ähneln den Instrumenten, die in Europa bis ins 19. Jh. hinein verwendet wurden. Mit Messern und Skalpellen wurden Einschnitte gemacht, Haken halfen bei der Operation und die Spateln dienten dazu, Salben zu mischen und aufzutragen. Über die menschliche Anatomie war noch wenig bekannt und viele Patienten starben während der Operation.

Trinkwasser

Die Römer konnten Trinkwasser über tiefe Taleinschnitte transportieren. Das Wasser floss in einem überdachten Kanal auf der obersten Etage des Aquädukts. Der Stich oben zeigt das Aquädukt von Nîmes in Frankreich.

Körperpflege

Dieser Elfenbeinkamm, von dem nur noch ein Bruchstück erhalten ist, war mit der geschnitzten Darstellung einer religiösen Zeremonie verziert. Er gehörte vermutlich einem Reichen. Aber auch die Armen nahmen es mit der Körperpflege genau und verwendeten Kämme aus Knochen oder Holz, um Kopfläuse zu entfernen.

Allheilmittel

Der Einsatz von Knoblauch zu medizinischen Zwecken war seit den Tagen der alten Ägypter verbreitet. Da Knoblauch auch nachgesagt wurde, böse Geister zu vertreiben, hielten ihn die Römer für doppelt wirksam. Sie aßen ihn, um den Körper zu entschlacken, und legten ihn gequetscht auf Wunden auf. Außerdem versuchten sie auch, mit Knoblauch Lepra zu heilen. Soldaten erhielten eine tägliche Dosis, die zur allgemeinen Stärkung beitragen sollte.

Wasserversorgung

Sauberes Wasser wurde auf dem Land in großen Zisternen gesammelt und von dort in kleinere Versorgungstanks in den Städten geleitet. Die Römer wussten auch, dass das Trinkwasser vom Kanalisationssystem fern gehalten werden muss, um Verschmutzungen und somit Seuchen zu verhindern.

Gott der Fruchtbarkeit

Bacchus, der römische Gott des Weins, war ebenso wie sein griechischer Vorgänger Dionysos auch der Gott der Fruchtbarkeit. Die Bacchanalien (ausgelassene Feste) wurden zu seinen Ehren abgehalten; ob es in seinem Sinne war, dass sie häufig zu Orgien gerieten, wie auf diesem Sarkophag nachgebildet, bleibt dahingestellt.

Amors Pfeile

Der geflügelte Liebesgott Amor (bei den Griechen Eros genannt), Sohn der Venus, war mit magischen Bogen und Pfeilen bewaffnet. Wenn er – so glaubte man – mit ihnen einem Mann und einer Frau ins Herz schoss, verliebten sie sich ineinander.

Die Eheschließung

Diese Skulptur zeigt die Göttin Vesta, die ein Paar bei der Hochzeit segnet. Vesta, der Göttin des Herdfeuers, wurde regelmäßig mit der Bitte um Glück für die Familie geopfert. Manchmal wurden ihr auch Tiere dargebracht. Die Hochzeitsfeier fand meist im Hause der Brauteltern statt.

Die Göttin der Liebe

Die Römer gaben Aphrodite, der griechischen Göttin der Liebe und der Schönheit, den Namen Venus und stellten sie sich als junge Frau vor. In der römischen Mythologie war Venus eine Ahnherrin von Julius Cäsars Familie, die viele Römer ablehnten, weil sie sie für Günstlinge der Götter hielten. Weil Venus auch die Göttin der Fruchtbarkeit war, besuchten viele am Hochzeitstag ihren Altar. Sie besaß einen Zaubergürtel, der angeblich seinen Träger unwiderstehlich machte.

Mysterienkult

Dieser Ausschnitt aus einem Wandgemälde aus der »Mysterienvilla« in Pompeji zeigt die Einführung der Braut in die dionysischen Mysterien.

Liebe und Ehe

Viele unserer Hochzeitsbräuche gehen auf die Römer zurück. Der Ehering z. B. galt als das Symbol der Tugend und wurde auf dem Mittelfinger der linken Hand getragen, weil man glaubte, dass ein Nerv von hier direkt zum Herzen führte. Die Braut trug eine weiße Toga und einen farbigen Schleier. Im Hause des Vaters der Braut wurde ein Fest gefeiert, bei dem es einen Hochzeitskuchen gab. Die Ehen wurden meistens von den Eltern arrangiert; Mädchen konnten ab dem 13. Lebensjahr verheiratet werden, die jungen Männer waren etwas älter. Die Brauteltern mussten eine Aussteuer mitgeben und den Eltern des Bräutigams Geschenke machen. Die Frauen galten als Eigentum ihres Gatten und konnten erst nach dem Tod des Ehemanns über ihr eigenes Vermögen verfügen. Begreiflicherweise heirateten die meisten kein zweites Mal.

Pflichtbewusstsein
Frauen hatten sich ausschließlich um die Familie zu kümmern. In wohlhabenderen Schichten genossen die Frauen etwas mehr Freiheit, aber so gut wie immer wurde erwartet, dass sie ihren Männern gehorchten. Ungehorsam wurde bestraft. Diese Wandmalerei aus dem 1. Jh. n. Chr. zeigt ein wohlhabendes Ehepaar.

In Liebe verbunden
Die Etrusker spielten bei der Gründung Roms eine große Rolle und beeinflussten auch wesentlich die römische Kultur (u. a. die Architektur, die Schrift, den Totenkult). Dieser herrliche etruskische Sarkophag aus dem 6. Jh. v. Chr. stammt aus dem Grab eines Ehepaares, das auch im Tod zusammenbleiben wollte.

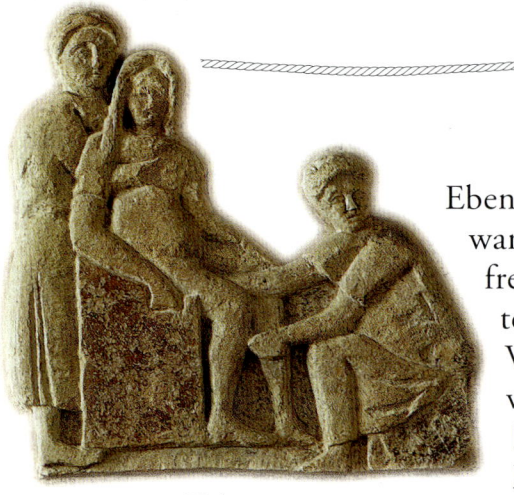

Frauen und Kinder

Ebenso wie in zahlreichen anderen Kulturen waren die Frauen auch in Rom in ihrer freien Entfaltung eingeschränkt. Sie galten als Menschen zweiter Klasse. Das Vermögen ihrer Familie bestimmte, wie viel Freiheit und Unabhängigkeit sie beanspruchen durften. Die Mehrheit der Frauen musste den Haushalt führen, auf den Feldern arbeiten und sich ansonsten auf Tätigkeiten wie Spinnen und Weben beschränken. Die Kinder wohlhabender Familien lernten bei einem Privatlehrer, Kinder der Mittelschicht in Privatschulen. Aber auch dort lernten Mädchen nur das Notwendigste und mussten schon früh im Haushalt helfen.

Arme Mädchen mussten sich ihren Unterhalt als Feldarbeiterinnen oder Dienerinnen verdienen. Wenn sie aus etwas besseren Verhältnissen stammten, konnten sie in einem Geschäft oder als Friseusen arbeiten. Nur die Töchter der Reichen wurden als Priesterinnen, etwa als Vestalinnen, aufgenommen, wenn die Schreine Bedarf an Nachwuchs hatten.

Hebammen

Einer der wenigen Frauenberufe war der der Hebamme. Die Geburt war einer der gefährlichsten Momente im Leben: Viele Mütter und Kinder starben dabei. Angeblich wurde bei der Geburt von Julius Cäsar der erste Kaiserschnitt durchgeführt; deshalb auch der Name. Andererseits soll Cäsar selbst nach dieser Entbindungsmethode benannt sein: *caesus* bedeutet »geschnitten«.

Landarbeit

Ebenso wie es in manchen Gegenden Italiens noch der Fall ist, arbeiteten die meisten Menschen, die auf dem Land lebten, in der Landwirtschaft. Größe der Felder und der Herden bestimmten den Lebensstandard der Familie. Zu den Aufgaben der Frauen und Kinder gehörten das Säen, das Jäten, das Versorgen des Geflügels, das Melken und die Käseherstellung.

Spielzeug

Kinder hatten viele verschiedene Spielzeuge. Mit diesen Steinen wurde eine Art Domino gespielt. Jungen spielten mit Bleisoldaten und Mädchen mit Stoffpuppen.

Vestalinnen

Nur Mädchen aus den oberen Gesellschaftsschichten konnten Priesterinnen bestimmter Gottheiten werden. Im Kult der Vesta spielten Frauen die wichtigste Rolle. Im Vesta-Tempel brannte ein heiliges Feuer, über das ihre jungfräulichen Priesterinnen wachten, die Vestalinnen.

Juno

Juno, Jupiters Gattin, wachte über die Frauen. Sie wird meistens, wie bei dieser Terrakottastatue, sitzend dargestellt. Häufig hat sie einen Pfau bei sich. Sie ist eine sehr mütterliche Göttin, die den Frauen besonders bei der Geburt beisteht. Ursprünglich war sie die Mondgöttin und Herrscherin über den Himmel.

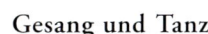

Gesang und Tanz

Die Römer verehrten die ägyptische Göttin Isis und schrieben ihr eine Verbindung zu Frauen, Kindern und dem Lebenszyklus zu. Dieses Relief stammt vermutlich von einem Kindersarkophag. Es zeigt Frauen und Kinder, die bei einem Isis-Fest tanzen.

Kindheit

Dieses Kind trägt am Hals eine *bulla*, einen Talisman, den es ein paar Tage nach seiner Geburt zur Namensgebungszeremonie erhielt. Die Inschrift auf dem Sockel ist eine Anrufung der Geister der Toten; dieses Relief stammt also von einem Kindergrab. Die Kindersterblichkeit war hoch: Die Hälfte starb vor dem 20. Lebensjahr.

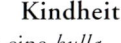

Krieg und Waffen

Ab dem 8. Jh. v. Chr. bis um 509 v. Chr. wurde Rom von seinen nördlichen etruskischen Nachbarn regiert. Als Rom eine Republik wurde, setzten die Römer den etruskischen König Tarquinius Superbus ab und regierten sich selbst. Allmählich dehnten sie ihre Macht über ganz Italien aus. Um 260 v. Chr. begannen die erbitterten Kriege zwischen Römern und Karthagern. Rom ging 146 v. Chr. siegreich daraus hervor und die ersten Kolonien am anderen Ufer des Mittelmeers waren errungen. Roms gut ausgebildete Soldaten eroberten immer neue Länder. Gegen 50 n. Chr. hatten die römischen Legionen die meisten Länder rund um das Mittelmeer unterworfen.

Augustus
(63 v. Chr. bis 14 n. Chr.)

Cäsars Adoptivsohn Octavian (später als Augustus bekannt) stellte nach den Bürgerkriegen, die Rom zu Zeiten seines Vaters erschüttert hatten, die Ordnung wieder her. Er war ein begabter Feldherr und Politiker und konnte in den Jahren 31 bis 30 v. Chr. den aufständischen Antonius und Kleopatra, Königin von Ägypten, vernichtend schlagen.

Galeeren

Die römischen Kriegsschiffe, Galeeren genannt, wurden mit Segeln und Rudern angetrieben, an denen Sklaven saßen. Mit dem Sporn vorne am Bug wurden feindliche Schiffe aufgeschlitzt. Obwohl sich an Deck auch Belagerungsmaschinen befanden, dienten die Schiffe in erster Linie zur Beförderung der Truppen oder als Kampfplätze.

Hannibal

Roms zweiter Vorstoß zur Eroberung Karthagos wurde von Hannibal vereitelt, einem genialen Strategen, der mit seiner Armee und vierzig Kriegselefanten durch Nordafrika, Spanien und über die Alpen nach Italien zog, um seinerseits Rom anzugreifen. Anfangs war sein Feldzug erfolgreich, 202 v. Chr. aber wurde er endgültig geschlagen.

Der Stolz Roms

Die römischen Legionen bestanden aus je 5000 Infanteristen und waren der Stolz des Imperiums. Ihnen standen Reiter bei, die bei Angriffen ihre Flanken deckten und Vorstöße unternahmen, sowie einfache Fußsoldaten, die als Besatzung in die Grenzfestungen einzogen. Jede Legion wurde von einem Zenturion befehligt, der einen besonderen Helm (siehe links) trug, damit die Legionäre ihn in der Schlacht leicht erkennen und ihm folgen konnten. Die Legionäre waren sehr gut ausgerüstet und ausgebildet. Man nimmt an, dass sie die ersten Berufssoldaten waren, die regelmäßig Sold bezogen.

Legionäre

Man geht allgemein davon aus, dass Rom seine Ausdehnung seinem disziplinierten Heer verdankte. Die Etrusker und die Griechen waren nicht in der Lage gewesen, eine zentral organisierte Armee aufzustellen und zu halten. Dadurch war die Schlagkraft ihrer Truppen bei Eroberungen stark eingeschränkt, und ohne stehendes Heer gingen die neuen Kolonien rasch wieder verloren. Wenn die Römer dagegen ein neues Gebiet eroberten, hinterließen sie starke Besatzungstruppen.

Julius Cäsar

In der »alten« römischen Republik brachen häufig Bürgerkriege aus, weil die Generäle um die Macht stritten. Julius Cäsar (ca. 100 bis 44 v. Chr.) erklärte sich zum obersten Herrscher, wurde aber von seinen Kollegen Senatoren erdolcht, weil er ihnen zu mächtig geworden war.

Römische Waffen

Die Legionäre trugen einen Dolch und ein Schwert, beide aus Eisen oder Stahl mit Griffen aus Knochen oder Holz. Sie bevorzugten kurze Schwerter mit doppelter Schneide, mit denen sie auf den Gegner einstachen. Fußsoldaten kämpften auch mit kurzen Bögen und mit Wurfspeeren, die sie in großer Zahl auf die feindlichen Linien schleuderten.

Belagerungsmaschinen

Mit der häufig eingesetzten *ballista* (siehe oben) konnte ein großer Felsbrocken mehrere 100 m weit geschleudert werden. Man verwendete sie auch, um Bündel brennenden Reisigs und Strohs auf die gegnerischen Schiffe zu werfen.

Verbrechen und Strafen

Im Mittelpunkt der römischen Gesetzgebung stand der Senat, dessen Mitglieder, die Senatoren, gewählt wurden. Regierungsentscheidungen wurden nach langen Diskussionen getroffen. Trotzdem konnte das System missbraucht werden und häufig wurden Gesetze erlassen, die die Politiker beim Volk beliebt machen sollten. Die Römer führten als Erste Schiedsgerichte ein. Die Strafe bestand häufiger in Wiedergutmachung als in Vergeltung und es gab nur wenige Gefängnisse. Manche Verbrecher wurden mit Sklaverei bestraft, auch wenn sie römische Bürger waren. Auch die Beleidigung eines Gottes konnte als Verbrechen gelten. In jeder Stadt gab es einen Rat von etwa 100 Männern, die ihr Amt auf Lebenszeit innehatten.

Die neue Republik

Nach den Bürgerkriegen und der Ermordung Julius Cäsars musste sein Adoptivsohn Augustus die Ordnung wiederherstellen. Er erwies sich als guter Politiker, der zahlreiche Reformen durchführte. Er erklärte Rom zur »neuen« Republik und sich selbst zu ihrem ersten Kaiser.

Kreuzigung

Die Kreuzigung, Strafe für viele verschiedene Verbrechen, war eine gebräuchliche Art der Hinrichtung und führte zu einem langsamen und qualvollen Tod. Die Hände des Verurteilten wurden an einer einzelnen Stange über seinem Kopf oder aber ausgebreitet an einem Querbalken befestigt. In dieser Haltung fiel die Lunge allmählich zusammen und der Mensch erstickte.

Bestechung

Die Römer waren stolz auf ihre Verfassung, damals eine der gerechtesten und demokratischsten der bekannten Welt. Doch auch dieses System konnte manipuliert werden. Es gab häufig Bestechungsaffären, die zu Bürgerkriegen und militärischen Aufständen führten, wenn ehrgeizige Feldherren die Situation ausnutzen wollten. Besonders in der Zeit des Niedergangs des Römischen Reiches ließen sich viele Senatoren für ihre Entscheidungen von reichen Kaufleuten bezahlen.

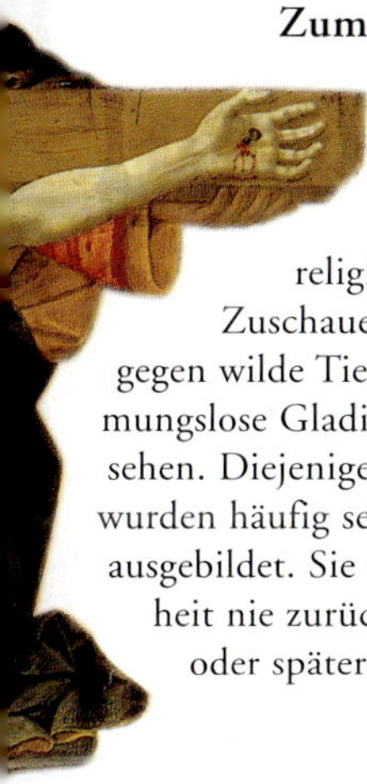

Zum Kampf verurteilt

Viele Menschen, die im Kolosseum kämpfen mussten, waren Verbrecher oder religiös Verfolgte. Den Zuschauern gefiel es, sie gegen wilde Tiere oder erbarmungslose Gladiatoren kämpfen zu sehen. Diejenigen, die überlebten, wurden häufig selbst zu Gladiatoren ausgebildet. Sie erlangten ihre Freiheit nie zurück und starben früher oder später bei den Schaukämpfen.

Ein hoher Preis

Die Prägung dieser Münze stellt Augustus dar, der von einem Barbaren ein Kind entgegennimmt. Wenn die Römer ein Volk besiegt hatten, forderten sie von ihm Kinder ein. Viele Angehörige besiegter Völker wurden als Sklaven verschleppt. Wer den Römern nicht gab, was sie forderten, wurde hingerichtet. Die Anführer wurden häufig erdrosselt, um ihre Leute einzuschüchtern.

Todesstrafe

Die Römer regierten ihr Imperium durch Machtbeweise und Unterdrückung. Viele Vergehen wurden mit dem Tod bestraft, auch Diebstahl und Verrat. Zu den Hinrichtungsarten zählten u. a. Tod durch das Schwert, durch das Beil und durch Steinigung.

Alle Straßen führen nach Rom

Um die Entfernungen möglichst kurz zu halten, waren die Straßen der Römer gerade. Ihr Profil war leicht gewölbt, damit Regenwasser abfließen konnte. Sie waren gepflastert und unter den Steinplatten lag ein Schotterbett. Viele dieser Straßen wurden in unserer Zeit asphaltiert und sind immer noch in Gebrauch.

Umgang mit Metall

Die Römer verarbeiteten Metalle zu Werkzeugen, Waffen, Arbeitsgeräten und Schmuck. Es gelang ihnen jedoch nicht, Eisen vollständig zu schmelzen, deshalb erhitzten sie die Eisenstücke nur und hämmerten sie in die gewünschte Form. Sie kannten mehrere Legierungen, unter anderem Bronze (Kupfer und Zinn); wenn sie Zink dazugaben, sah das Ergebnis ähnlich aus wie Gold.

Muskelkraft

In römischer Zeit war das Segeln sehr gefährlich und man stach nur bei gutem Wetter in See. Die Navigationskunst war noch nicht sehr weit fortgeschritten und beschränkte sich auf das Beobachten von Sternen und Mond. Das Frachtschiff auf dem Mosaik hat den Mast heruntergeklappt; bei Windstille mussten Sklaven die Schiffe allein mit Rudern vorantreiben.

Leuchttürme

Die Ruine dieses römischen Leuchtturms steht auf den Klippen von Dover Castle, Kent, und hatte früher einen Doppelgänger auf der anderen Seite des Ärmelkanals. Sein Feuer wies den Schiffen den Weg in den Hafen.

Verkehrsmittel

Händler transportierten ihre Waren mithilfe von Lasttieren oder Karren, die von Pferden oder Ochsen gezogen wurden. Zweirädrige Wagen, vor die man zwei bis vier Pferde nebeneinander einspannte, verwendete man nur im Krieg und später bei Rennen.

Verkehr und Wissenschaft

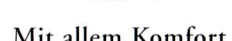

Die Römer bewunderten die Errungenschaften der Griechen und ließen sich von ihnen inspirieren, machten aber selbst zahlreiche Erfindungen. Bei der Städteplanung berücksichtigten sie, wie wichtig sauberes Wasser ist, und statteten ihre Städte mit Trinkwasserleitungen und Abwassersystemen aus. Das wiederum führte zur Entwicklung des Tauchbads und der genialen Fußbodenheizung. In der Baukunst entwickelten sie einen besonders fest werdenden Zement und verbesserten die Herstellungsweise von Ziegelsteinen. Dank der Erfindung des Rundbogens, die auch zur Entwicklung der Kuppel führte, konnten sie größere Entfernungen überbrücken als ihre ägyptischen, griechischen und etruskischen Lehrmeister in der Baukunst. Das Wissen um die Glasherstellung bereicherten sie durch die Kunst des Glasblasens. Die größte Leistung des Römischen Reiches war das Straßennetz, das die Teile des Imperiums miteinander verband und rasche Truppenbewegungen und Nachschubtransporte möglich machte.

Mit allem Komfort

Auf diesem Foto mit Überresten der römischen Bäder in Karthago, die zwischen 145 und 162 n. Chr. erbaut wurden, kann man die Bauweise einer Fußbodenheizung *(hypocaustum)* erkennen: Unter dem auf Pfeilern ruhenden Fußboden zirkulierte die von Feuerstellen erhitzte Luft. Durch hohle Ziegel zog die Luft nach oben und erwärmte die Räume.

Zentralheizung

Das *hypocaustum* basierte auf dem Prinzip, dass warme Luft aufsteigt. Das Heizsystem erwärmte das Wasser zum Baden und die Räume von Privathäusern und öffentlichen Bädern. Die Abbildung zeigt, wie es funktionierte. Besonders wichtig war die Heizung in den nördlichen Gebieten des Imperiums.

CONC. SVDATIO
BALNEVM
CLIPEVS
LABRVM
LACONICVM
HYPO CAVS TVM

Die Religion

Die Römer übernahmen viele Götter von den Griechen, gaben ihnen neue Namen und schrieben ihnen teilweise neue Eigenschaften zu. Sie hatten auch eine andere Einstellung zu den Göttern: Während die Griechen ihre Götter sehr menschlich darstellten und vertraulich mit ihnen umgingen, waren die Römer ein abergläubisches Volk, das die Götter und böse Geister fürchtete. Sie waren auch nicht abgeneigt, Götter von besiegten Völkern anzunehmen und sie in ihre Religion einzubauen. Die Römer an den äußersten Punkten des Reiches, wie z.B. die im keltischen Britannien stationierten Soldaten, übernahmen häufig örtliche Gebräuche. Römer, die sich später zum Christentum bekehrten, verehrten den christlichen Gott neben all den anderen. Um 313 n. Chr. wurde das Christentum vom Staat offiziell anerkannt (Toleranzedikt von Mailand) und 391 zur Staatsreligion und somit zum wichtigsten Glauben im Römischen Reich.

PIVS SEXTVS P·M·REST.

Apollo
Anders als viele andere Götter behielt Apollo bei den Römern seinen griechischen Namen. Er war der Gott der Sonne und die Römer hielten ihn für wohlwollender als die anderen.

Mithras-Kult
Mithras war ursprünglich der persische Gott des Lichts; sein Symbol war die Sonne. Auf diesem Relief opfert er einen Stier, dessen Blut die Erde fruchtbar machen soll. Viele römische Soldaten machten den Mithras-Kult zu ihrer Religion.

Kriegsgott

Mars war der Kriegsgott der Römer und wurde meist als kräftiger Soldat in voller Rüstung dargestellt. Der Monat März ist nach ihm benannt. Er war nach Jupiter der zweitmächtigste Gott. Außer über den Krieg wachte er auch über die Landwirtschaft; viele seiner Festtage lagen im Frühling und im Herbst und spielten im bäuerlichen Kalender eine besondere Rolle.

Vater der Götter

Der mächtigste der römischen Götter war Jupiter. Er soll auf dem Kapitol (einem römischen Hügel) residiert und von dort aus über das Ansehen des Imperiums gewacht haben. Er war der Gott des Lichts und des Himmels; Blitz und Adler waren seine Symbole.

Weibliche Kulte

Kybele, Isis und Vesta wurden fast ausschließlich mit Frauen und Fruchtbarkeit in Verbindung gebracht. Das Foto oben zeigt den Vesta-Tempel in Rom.

Unterirdische Gänge

Die frühen Christen bestatteten ihre Toten in unterirdischen Grabanlagen, den Katakomben. Die Leichname wurden in Wandnischen beigesetzt.
Der in den Fels gehauene Tunnel auf dem Foto rechts führt zur Orakelhöhle der Sibylle von Cumae (bei Neapel). Die Sibylle war eine dem Apollo ergebene Seherin, der er die Gabe der Weissagung verliehen hatte.

Göttin der Weisheit

Die römische Minerva entspricht der griechischen Athene und war die Göttin der Handwerke und der Weisheit. Wie bei dieser Statue wurde sie häufig als Kriegerin dargestellt, um die Macht des Imperiums zu versinnbildlichen. Ihr Bildnis zierte die Schilde und Brustpanzer der Legionäre. Von ihr abgeleitet ist Britannia, die weibliche Symbolfigur Englands.

Opfer

Opferaltäre spielten eine große Rolle. Sie befanden sich meist vor den Eingängen der Tempel, in denen die Statue der ihnen geweihten Gottheit stand.

Das Erbe der Antike

Wenn wir uns heute anschauen, was von der antiken römischen Kultur erhalten geblieben ist, bekommen wir leicht einen falschen Eindruck von Leben und Alltag dieser Gesellschaft. Wir kennen die Ruinen ihrer Bauwerke, besonders der öffentlichen Gebäude, Tempel und Villen, weil sie aufwändig genug gebaut wurden, um Jahrtausende zu überdauern. Obwohl die römische Gesellschaft insgesamt wohlhabend und technologisch hoch entwickelt war, genoss nur eine Minderheit einen üppigen Lebensstil; die Mehrheit war arm und ihre einfachen Besitztümer weitaus vergänglicher. Auf jeden Fall aber besteht das antike römische Erbe bis auf den heutigen Tag fort. Abgesehen davon, dass die romanischen Sprachen vom Lateinischen entscheidend beeinflusst wurden, können wir in Architektur und Städteplanung, Politik und Recht, Literatur wie Militärwesen auch heute noch römische Vorbilder erkennen.

Straßenbau

Zu den beachtlichsten Leistungen der Römer zählen ihre Baukunst und der Straßenbau. Viele ihrer Straßen wurden vor dem 19. Jh. kaum entscheidend verbessert und dienen auch modernen Straßen als Fundament.

Klassische Architektur

Nur wenige römische Bauwerke sind vollständig erhalten geblieben, aber ihr Stil war für die Architekten späterer Zeiten immer wieder eine Quelle der Inspiration. Besonders großen Einfluss hatten sie in der Romanik (10.–12. Jh.), in der Renaissance (15.–16. Jh.) und im Klassizismus (18.–19. Jh.).

Die Aufteilung des Reiches

Im Jahre 395 n. Chr. zerfiel das Imperium in zwei Reiche, Ostrom und Westrom. 476 besiegten Eroberer aus dem Norden das inzwischen christliche Weströmische Reich. Das Oströmische oder Byzantinische Reich konnte weitere 1000 Jahre lang seine Unabhängigkeit behaupten. Hier blieb der römische Baustil lange Zeit lebendig, wie man an dem Mausoleum des Theoderich in Ravenna sehen kann.

Die Niederlage

Im Jahre 406 n. Chr. überquerten die Germanen die Grenze am Rhein; 410 plünderten sie Rom. Die Armee wurde von den Außenposten zurückgerufen, um Rom zu verteidigen. Trotzdem wurde Westrom 476 endgültig besiegt.

Attila, König der Hunnen (ca. 406–453)

Das Römische Reich erlebte um 200 n. Chr. seine größte Blüte. Danach begann der Niedergang. Im Zentrum des Imperiums brach der Bürgerkrieg aus, während sich an den Grenzen feindliche Angriffe mehrten, besonders durch die Perser im Osten und germanische Stämme im Norden. Die gefährlichsten Feinde waren die Hunnen aus Zentralasien. Ihr Anführer Attila beherrschte ein Reich, das sich vom Rhein bis nach China erstreckte. Im Jahre 447 n. Chr. besiegte er den römischen Kaiser Theodosius.

Die Nationen Europas

Der Zusammenbruch Roms ermöglichte die Entstehung neuer Reiche, aus denen sich im Laufe der Jahrhunderte die heutigen Staaten Europas entwickelten. Die Türkei im Osten pflegt das Erbe östlicher und westlicher Kulturen. Das Foto links zeigt die Hagia Sophia in Istanbul.

Einzigartiges Zeugnis

Pompeji, in der Nähe des heutigen Neapel gelegen, wurde gemeinsam mit seiner Nachbarstadt Herculaneum 79 n. Chr. durch einen Ausbruch des Vulkans Vesuv vollständig zerstört. 1700 Jahre lang lagen die Stadt und ihre unglücklichen Bewohner unter der Asche verborgen. Archäologische Ausgrabungen brachten eine Stadt zutage, die so gut erhalten ist, dass sie uns viel über den Alltag ihrer Bewohner erzählt.

Schon gewusst ...?

... dass die Römer Leichentücher aus Asbest verwendeten? Den Römern war bekannt, dass Asbest feuerfest ist. Sie wickelten ihre Toten in Asbesttücher und legten sie auf einen Scheiterhaufen. Dabei verbrannte die Leiche zwar auch, aber ihre Asche wurde durch den Asbest von der Holzasche getrennt und konnte so rein und unvermischt mit anderen Substanzen in eine Urne umgefüllt werden. Die Vestalinnen sollen Lampen mit Asbestdocht verwendet haben, die länger brannten.

... dass die Römer Karneval feierten? Bei den Saturnalien stand in Rom buchstäblich alles Kopf: Menschen verkleideten sich als Tiere, Frauen als Männer und Männer als Frauen, und es durfte sogar über die Mächtigen gespottet werden. Das war das so genannte »Narrenfest«.

... dass Rom die ersten Pässe einführte? Damit Kaufleute und Gesandte innerhalb des Reiches und auch außerhalb von dessen Grenzen sicher reisen konnten, erließen die römischen Behörden einen Geleitbrief, den der Reisende in der Fremde vorzeigte. Dieser Brief garantierte ihm den Schutz Roms und warnte alle nichtrömischen Machthaber und Soldaten davor, den Reisenden aufzuhalten.

... dass die Römer die größten Steinblöcke schnitten? In Baalbek (Libanon) stehen die Ruinen einer Gruppe römischer Tempel, die von einer mächtigen Steinmauer umgeben sind. Die drei größten Steine nennt man *trilithon*. Sie befinden sich in 8 m Höhe und wurden aus einem Steinbruch in etwa 1,6 km Entfernung herbeigeschafft. Der größte Block ist 21 m lang, misst 4 m im Quadrat und wiegt 800 t. Die Blöcke wurden so präzise nebeneinander aufgestellt, dass die Kanten genau aneinander passen. Warum sie aber so stehen, ist bis heute ein Rätsel geblieben.

... dass die Ruinen von Pompeji wertvolle Einblicke in die Vergangenheit bieten? Als der Vesuv 79 n. Chr. ausbrach, breiteten sich glühende Lava und heiße Asche so schnell aus, dass über 2000 der 20 000 Einwohner der Stadt nicht mehr entkommen konnten. Sie wurden von der Lava überrascht, die ihre Körper mit einer luftdichten Hülle umgab und so über die Jahrhunderte konservierte. Die Archäologen fanden in der fest gewordenen Lava Menschen, die versucht hatten, davonzulaufen, aber auch einen Gast in einer Weinschänke und einen Bäcker, der gerade Brot in den Ofen geschoben hatte. Die Ausgrabungsarbeiten in Pompeji dauern noch an.

Die deutsche Bibliothek - CIP Einheitsaufnahme

Die Römer / von John Guy. [Aus dem Engl. von Cornelia Panzacchi. Red.: Bettina Gratzki; Magda-Lia Bloos]. - München: Ars-Ed., 2001 (Wissen der Welt) Einheitssacht.: Roman Life <dt.> ISBN 3-7607-4696-9

© 2000 für die deutsche Ausgabe: arsEdition, München
Aus dem Englischen von Cornelia Panzacchi
Redaktion: Bettina Gratzki, Magda-Lia Bloos
Umschlaggestaltung der deutschen Ausgabe: Eva Schindler
First Published in Great Britain by ticktock Publishing Ltd.
Titel der Originalausgabe: »Roman Life«
© 1998 ticktock Publishing Ltd. · Alle Rechte vorbehalten
Printed in Hong Kong
ISBN 3-7607-4696-9

Danksagung: Der Verlag bedankt sich bei Graham Rich, Elizabeth Wiggans und David Hobbs (Landkarte) für ihre Mithilfe.

Bildnachweis: o = oben, u = unten, M = Mitte, l = links, r = rechts, Uv = Umschlag vorne, Uh = Umschlag hinten

AKG, London: 10/11, 17ur, 23Mo, 24ul; Alinari-Giraudon, Paris: 7ol, 9Mu, 14ul, 19or & Uh, 31ur; Ancient Art and Architecture: 18Ml, 23Mu, 22/23Mo; Ann Ronan von Image Select: 7Mr, 7Mu, 17or, 17ul, 22Mu, 23r, 23u, 24ol & Uv, 26ur, 26/27M, 26or, 28l, 29ur, 31or & Uh; Archives Larousse-Giraudon: 10/11Mu; Bridgeman Art Library: 16/17Mo, 17Mr, 27ur; Chris Fairclough Colour Library/Image Select: 6Mr, 15r, 16ol, 20ul, 30/31M; Corbis Bettman: Uv (zentrales Bild); et Archive: 24ur; Gilles Mermet-Giraudon: 18/19Mo, 22ul; Giraudon: 2/3Mu & Uv, 2ol, 4M, 6u, 6ol, 8ul, 8Mr, 10r, 12/13Mu & Uh, 12ol, 14ol, 15ol, 16ul, 19u, 21or, 21ol, 25u, 25o und 0, 26ol, 26ul, 26/27M, 28M, 28u, 29or, 30u; Image Select International: 2/3Mo, 3ur, 3or, 5or, 5Mu & Uh, 9ol, 10or, 10ol, 13ur, 12/13Mr, 12ul, 15ur & Uv, 14/15u, 22ol, 29ol, 29M, 30/31M; Pix: 30ol: Spectrum Colour Library: 8ol; The Telegraph Colour Library: 30l; Werner Forman Archive: 5Mr, 4or, 4u, 4ol, 9r, 11or, 13or, 18o, 18ul, 18M, 20ol, 20ur, 21u, 25M, 27or, 29Mu.

Der Verlag hat sich bemüht, alle Rechteinhaber zu ermitteln. Sollte dies in Einzelfällen bedauerlicherweise nicht gelungen sein, wird die fehlende Angabe in der nächsten Auflage ergänzt.

Register

A
Aberglauben 6
Abgaben 25
Amor 18
Amphitheater 2, 10
Äneas 16
Antonius 22
Apollo 11, 28, 29
Aquädukte 14, 17
Arbeit 5, 6, 7, 20
Architektur 2, 9, 14–15, 26, 30
Arena 10, 11, 25
Armee 3, 15, 16, 17, 22, 23
Arme Leute 6–7
Attila, König der Hunnen 31
Augustus (Octavian) 22, 24, 25

B
Bacchus (Dionysos) 9, 18
Bäder 6, 11, 16, 27
ballista 23
Bath 7
Befestigungsanlagen 15
Belagerungsmaschinen 23
Bestechung 24
Bögen 2, 14, 17
Böse Geister 16, 17, 28
Britannien 7, 15, 26, 28, 29, 31
bulla 21

C
Cäsar, Julius 18, 20, 23, 24
Celsius 15
Christentum 28, 29
Cumae 29

D
Dionysos 18
Dover Castle 26

E
Ehe 18–19
Ephesus 15
Erziehung 4, 20
Essen und Trinken 7, 8–9
Etrusker 2, 3, 19, 22, 23

F
Familienleben 4–5, 7
Feste 11
Forum 5
Frauen
in der Landwirtschaft 7, 20
Rolle in der Familie 3, 9, 20
als Gladiatoren 11
und Ehe 6, 18, 19
als Priesterinnen 20, 21
Freizeitvergnügen 10–11, 21

G
Galeeren 22
Geburt 20
Geld 5
Germanen 31
Gesundheit 16–17, 20
Getränkeausschank 9
Gewürze 8
Gladiatoren 11
Glasherstellung 27
Götter 4, 11, 18, 28–29
Griechen 2, 15, 23, 27, 28, 29

H
Haarmode 12, 13
Hadrian 15
Handel 5, 8, 12
Hannibal 22
Hebammen 20
Herculaneum 31
Honig 7, 9
Hygiene 16, 17
hypocaustum 5, 27

I
Importe 8, 12
Isis 29

J
Juno 20
Jupiter 20, 29
Juwelen 13

K
Kanalisation 6, 16
Kapitol 29
Karthago 22, 27
Katakomben 29
Kinder 4, 7, 12, 20–21
Kleidung 12–13
Kleopatra 22
Knoblauch 17
Kochutensilien 8
Kolosseum 10, 11, 25
Krankheiten 9, 16
Kräuter 8, 9, 16
Kreuzigung 24
Kriegsschiffe 22
Kriegswesen 22–23, 26
Kriminalität 24–25

Kunst 14–15, 27
Kuppeln 14, 27
Kybele 29

L
Lampen 6
Landleben 7
Landwirtschaft 7, 20
lararium 4
Latiner 2, 3
Lebensstandard 2, 5, 6
Legionen (siehe Armee)
Lesen und Schreiben 3, 4
Leuchttürme 26

M
Malerei 14
Märkte 5, 7
Mars 29
Märtyrer 10, 25
Medizin 16–17, 20
Metallverarbeitung 26
Minerva (Athene) 20, 29
Mithras-Kult 28
Möbel 4
Mode 12–13
Mosaike 4, 15
Münzen 5
Musik 11, 21

N
Nîmes 17
Numitor, König 3

O
Öl 6
Oliven 6, 9
Opferungen 29

P
paenula 12
palla 12
pallium 12
Perser 28, 31
Pompeji 7, 9, 18, 31, 32
Priester 6, 20, 21
Privatleben 4–5, 7
Purpur 12
Puzzolan 14

R
Recht 24, 30
Reiche Leute 4–5, 6
Religion 4, 18, 20, 28–29
Remus 3
Rhea Silvia 3
Rom, Gründung von 2, 3
Römisches Reich 2, 3, 5, 6, 12, 30–31
Romulus 3

S
Schaukämpfe 2, 10
Schiffe 22, 26
Segeln 26
Senat 24
Sibylle 29
Sklaven und Sklavenhaltung 5, 11, 22, 24
Spiegel 12
Spielzeug 21
Sportveranstaltungen 2, 10, 11
Sprache 3, 30
Städte 5, 7, 16, 17
Steuern 6
Strafen 24–25
Straßen 26, 27, 30

T
Tanz 11, 21
Tarquinius Superbus 22
Theater 2, 10, 11
Theodosius 31
Tiber 3
Toga 12, 13, 17
Türkei 15, 31

U
Unterhaltung 2, 10–11

V
Venus (Aphrodite) 18
Verkehr 26–27
Vesta 4, 21, 29
Vestalinnen 20, 21
Vesuv 31, 32
Villen 4, 15

W
Waffen 22–23
Wagen und Wagenrennen 10, 26
Wasserversorgung 5, 6, 9, 16, 17, 26
Wein 9
Weingärten 9
Werkzeug 7, 15
Wissenschaft 26–27
Wohnkultur 4, 5, 6, 7

Z
Zentralheizung 5, 27